# Änglar i kontakt med själen

Det här är en skrift om andliga vägledare, änglar och guider som du troligtvis inte hört den förut.

Allt är direkt kanaliserat av Elisabeth som använts till att vara rösten för the Choir of Angels genom resan med denna bok.

Du kommer få höra en del saker du troligtvis inte vill höra. Sanningar du inte alltid vill se.
Men i ditt hjärta kommer du förstå.

Det här är vår resa i att bli ett med varandra.
Där vi inte är separerade mer. Så vi kan fortsätta livet i den gemenskap det var menat att vara från början.

# Änglar i kontakt med själen

Elisabeth Halme

© 2023 Elisabeth Halme
Förlag: BoD – Books on Demand, Stockholm, Sverige
Tryck: BoD – Books on Demand, Norderstedt, Tyskland

ISBN: 978-91-7463-043-5

# Förord av Elisabeth

Denna bok är avsedd för dig som vill ta reda på mer om rösten du hör. Det är en bok för dig som har en längtan efter något djupare. För dig som vill någonting mer, som har ett driv du inte alltid kan förstå.

För genom den här boken vill änglarna förmedla till dig vad du kanske till en början inte kan höra själv men som du längs vägen på den här resan kommer att få lära dig och veta mer om.

Du behöver inte tro på allt det jag förmedlar. Även jag själv hade genom skrivprocessen till denna bok svårt att ta till mig allt det mina händer skrev. Men någonstans längs vägen släppte spärren att bry sig om vad andra tycker.

Jag är här för att förmedla. Därför behövs denna bok. En bok som är direkt kanaliserad från våra hjälpare och vägledare på andra sidan.

För att förenkla vilka som kommer igenom har de valt att kalla sig för the Choir of Angels. Jag har haft kontakt med dem länge, flera år för att vara mer precis. De inbegriper alla dem som både du och jag har med mig. De står alla för samma sak. Och de vill alla vägleda dig till den bästa versionen av dig själv. Med en frihetskänsla där du lever inifrån och ut.

Jag har själv vetat om de vägledare jag har haft med mig ända sedan jag var liten men det är först sedan några år tillbaka som jag åter kunde minnas den kontakt vi alltid haft. Helt enkelt därför att jag tog ner den delen av mig själv, djupt ner i minnen, förvarade långt inuti kroppen, för att ingen skulle veta vem jag eller vad jag var. Allra minst jag själv. När minnena öppnades åter gick det inte att på något sätt hålla det tillbaka igen då det gav mig stor ohälsa av att hålla tillbaka mig själv och det jag är här för att uträtta. Så jag gav upp och gav i stället in för att vara den jag är, en budbärare.

Den här boken vänder sig direkt till dig. Den är skriven från the Choir of Angels, genom mig, till dig.
Jag är budbäraren, den som förmedlar orden och har därför inte satt någon etikett på det som kommit genom mig med alla ord i denna bok. För en gångs skull har jag full tillit till att varje stavelse kommer att hjälpa den ena eller andra precis där det ska. Det är som änglarna säger genom texten, allt är noga uträknat och i den perfekta balans det behöver vara.

Jag vet att i en bok är det traditionsenligt att tacka alla de som hjälpt till att publicera en bok eller varit till hjälp för att få ett projekt framåt och dylikt.
Den jag vill tacka är först och främst mig själv för att jag tog modet att skriva och ge ut denna bok. Vet att det kan låta egocentriskt, men hur många människor tackar sig själva för modet att bara existera och vara den de är på denna jord?

Jag har flera människor i min närhet som har min djupaste kärlek, som finns med på min resa, men denna skrift skapades genom full tillit mellan mig och The Choir of Angels. Därför vill jag också tacka änglarna för deras vägledning och vackra ord till oss alla som berör denna skapelse.

Tack också till dig som väljer att läsa detta verk. Det betyder mycket för mig att du valt att ta del av alla de ord som gör att du träder djupare in i ditt uppvaknande. Så tack till dig, mig och The Choir of Angels som får denna skapelse att bli levande.

Därför låter jag nu änglarna ta vid för att få ge dig all den kärlek de vill sända till dig genom denna bok.

# Förord av The Choir of Angels

Boken är kanaliserad genom Elisabeth som fått verka som vår portal, hon är rösten för oss som här och nu vill förmedla dessa ord i denna skapelse till dig.

Hon har fått göra en resa att släppa på spärrarna genom den här boken, precis som du kommer får göra.

Bitvis började hon höra oss allt tydligare och vi kunde gå över från att skriva till att diktera boken. Detta för att det skulle bli en träning i att använda vår röst genom hennes stämband.

Till en början är det oftast lättare att skriva för att få ner vad anden vill säga dig. Genom att ta ord för ord som slutligen blir till en mening. Som får växa till att bli någonting mer som du från början inte visste någonting om.

Vi hjälper även dig dagligen genom att förmedla budskap. Vi sänder en känsla, en tanke, ett ord, en fras, en person, en låt eller en bok som exempel på vad vi kan hitta på för att komma igenom till dig.

Varje dag sänder vi dig vägledning, problemet är att de flesta dagar hör du inte vårt språk och röst och fortsätter därför att trava runt i samma gamla spår.

Genom att du nu i stället kan lära dig lägga tilliten till oss som har helhetens perspektiv kan du släppa på kontrollen, på lidandet och på alla dina bekymmer. Vi vill vägleda dig till att bli fri.

Just därför är den här boken viktig. För den vägleder Elisabeth att bli fri på samma gång som den hjälper dig att komma till din frihet.

Frihet är ett ord som väcker en oändlig potential. Beroende på vem som läser eller uttalar ordet så får det helt olika innebörd och preferenser.
Frihet är att du är hemma. Hemma där du hör hemma, levande i ett liv där du varje dag får uppleva kontakten med ett rikare liv. På alla fronter. I alla vidder.
Vad som är ett hem för någon är ett främmande hem för någon annan. Men det som får dig att känna dig hel som fysisk och själslig individ, det är att vara hemma. Där du är trygg. I harmoni. Med upplevelser du är medveten om och vill uppleva.
Så är du hemma ännu?

Eftersom du läser detta verk, så vet vi att du inte är helt hemma i dig själv än. Vi vill hjälpa dig att komma hem. Därför valde vi att vägleda Elisabeth genom processen att skriva. För att ni alla som tar del av verket ska kunna välja att få komma hem.

Vi började processen till att börja minnas kontakten med oss med hjälp av musik, för musik hjälper Elisabeth att slappna av och det hjälper henne in i den känsla som hon behöver för att kunna förmedla de ord vi säger genom henne.
I starten handlade det om att spela in meditationer. Musiken satte henne i en trans där vi kunde förmedla det som behövde bli sagt. Hon själv beskrev det som att

orden bara kom, hon visste inte var de kom ifrån och hon visste oftast inte vad hon sagt i denna trans. Likadant var det på föreläsningar och kurser hon höll för vi senare på vägen tog samma transliknande tillstånd in i de böcker vi vägledde henne att skriva. Allt var utformat i det ni kallar en plan, utifrån ett större perspektiv där vi steg för steg vägledde henne att bli den budbärare hon alltid varit under ytan. En av våra budbärare, här för att öka människans medvetande och jordens energi-frekvenser, precis som du och många andra som är den del av ett större energiskifte som just nu sker.

Där hon var trygg med sin kunskap kunde vi gå genom henne och tala, därför behövde vi skapa en större grund och trygghet för att hon skulle tala ut ännu mer. Steg för steg in i en allt tryggare värld inom sig där varje steg ledde närmare in i hem eller med andra ord in i närvaron av nu, där livets energi existerar ständigt i nu. Vi vill skapa denna trygghet för dig och det är precis det vi gör med alla de budskap vi förmedlar, ett av dina steg var att ledas till denna bok som kommer leverera en bit av det du behöver på din resa hem i dig.
Du behöver bli trygg för att kunna lyssna och känna in vad vi vill förmedla till dig, så att du kan göra det du är ämnad på ditt alldeles unika sätt.

Därför började vi med musiken när vi startade skrivandet av den här boken och att Elisabeth fick skriva genom sina händer. Fingrarna flög över tangenterna efter ord för ord som hon blev tilldelad att skriva. Ibland var hon för snabb och drog egna slutsatser av vad det skulle stå, men då fick vi hämta henne tillbaka och sudda ut det ord som inte skulle stå med.

Det var också en process att börja förmedla de exakta ord vi gav. Hört och känt oss hade hon gjort under många år, så det var inget nytt, men nu handlade det om att släppa på kontrollen helt och koppla bort de signaler i hjärnan som ville gå in och styra orden. Det handlade också om att även om hon blev avbruten, kunna fortsätta och ta vid där hon redan befann sig. För att skriva på hela boken under en och samma gång skulle inte gå. Det är många ord vi vill leverera.

När vi startade resan, detta verk, var det en del hinder i vägen. Hon höll emot, hade svårt att lyssna in oss helt och ville inte bli sedd som en tokstolle i andras ögon.
Allt detta fick vi arbeta oss igenom tillsammans.
Steg för steg tog vi oss igenom varje blockering och kunde frigöra nya krafter i varje process. Precis som vi kommer att göra med dig genom bland annat den här boken.

Var lugn, vi tar saker i tur och ordning. Allt är noga uträknat om hur det ska gå till. Lägg din oro åt sidan. Stilla din nyfikenhet om hur det ska gå. Läs bit för bit. Det är noga konstruerat för att skapa din frigörelse. Försöker du gå händelserna i förväg, bara om det så handlar om att kika i förväg på sidan 22, så uppfyller du då inte syftet med skapelsen och du hindrar dig själv från att nå din fulländning på mest effektiva vis.

Precis som du, så försökte även hon att slinka undan genom processen. Att börja bläddra med något annat, hämta något eller inte kunna sitta stilla för att det kändes intensivt när vi kom igenom.

Med tiden lugnade det sig och vi fann en fin balans tillsammans där vi kunde skapa under allt längre stunder utan uppehåll. Men det var lite tricky där i början, precis som det kommer att vara för dig.

Du kanske rentav redan nu undrar varför vi använder ord som tricky, borde inte vi vara mer sofistikerade? Varför inte? undrar vi då. Finns det ett ord som fungerar väl att använda och som gör att du reagerar, då kommer vi att använda detta ord.

Som vi sa, allt är noga uträknat för att du ska få ta del av precis det du behöver för din resa.

Håll ditt fokus och följ med i svängarna. Det finns en djupare mening med varenda törn som kommer.

Du kommer inte att förstå dem direkt, men i slutet kommer du förstå varenda stavelse för de kommer att berika dig med en helhet du inte ägde innan du fick till dig alla kurvor i stavelsen

# Andlig vägledning

*Vi vill börja berättelsen med att det konstant finns andlig
vägledning omkring dig och inom dig där du kan be om råd.
Du är aldrig till besvär för oss.*

Du har dina anhöriga som lämnat jordelivet, personliga
andliga vägledare, änglar, gudinnor, moder jord och ett
stort antal energier som finns till din hjälp i varje stund
och under varje dag.

Dina så kallade personliga vägledare är de energier, eller
själar som står dig allra närmast till hands. De är till för
att vägleda dig på rätt spår till de upplevelser du behöver
för att kunna återförenas med ditt inre.
Oavsett om du har kontakt med dina andliga vägledare
eller inte sedan tidigare så är de alltid en hjälp på vägen
för dig och för den transformationsprocess du behöver
genomgå.

Alla dina andliga guider är en typ av änglar. Se det som
att det är din eller dina personliga änglar som finns med
dig i alla lägen genom livet.
Vissa människor behöver endast en personlig guide
medan andra har flera med sig genom livet. Andra har
några guider i början av livet som sedan kan bytas ut
under ett större skifte i livet. Allt beroende på vad
planen är att uträtta under den livstid du lever nu.

Dina guider har svar och kärlek att ge i en ofantlig omfattning. Kärleken tar aldrig slut och du är aldrig i vägen.

I den förändring som ingår i ditt helande är det skönt att veta att änglar av olika slag finns vid din sida. Det gör det lättare att uthärda det som känns svårt och ger dig också styrkan att orka gå vidare.

Vi vill också att du ska veta att i änglarnas värld finns inga rätt eller fel. Det finns bara möjligheter och vad du gör med dessa möjligheter. Du kan skapa med din kreativitet när du tar vara på och lägger fokus på den möjlighet du väljer. Vi arbetar tillsammans som ett team med hjälp av änglar, dig i din fysiska form samt din själsliga vägledning.

Änglar, anhöriga, källan, moder jord och all andlig vägledning ger dig svar genom olika tecken, symboler och använder sig av hela livet som den vägledning du behöver följa för att ta dig vidare på din livets resa.

För varje tecken du följer kommer du närmare resultatet, ibland går det snabbt att komma fram, ibland tar det längre tid. Det gäller att ha tillit till att våga följa för att utvecklingen och transformationen ska gå snabbare. Ju mer du lyssnar in den vägledning du får och följer de steg du ombeds att ta desto snabbare kommer du till din helhet. Och det är i din helhet du upplever din själsliga frihet.

Tecken kommer i form av tankar, bilder, ord eller saker som upprepar sig på olika sätt, också genom situationer och mönster som sker i ditt liv. Du har redan hört talas om tecken som att flera personer som exempelvis talar om samma bok eller film, då är det något du behöver se eller läsa. Eller en plats som kan nämnas om och om igen i olika sammanhang, då är det en plats du behöver utforska.

Men vi har en långt mycket mer och djupare vägledning att erbjuda dig när du är öppen för en större medvetenhet om livet och dig själv.

Vi ger dig en idé av något du ska göra, vi visar på din väg eller icke väg genom människor och situationer du möter samt att vi leder dig inifrån och utifrån på en och samma gång.

Till en början kan det kännas förvirrat. Men det du behöver veta är att ju mer du lyssnar inåt med din visdom från insidan så kommer du också närmare vår guidning.

Följ och gör det vi ber om för det kommer att leda till något större och till svaren du söker.

Varje gång du följer vår vägledning får du resultat i slutändan. Vi vilseleder aldrig någon, däremot kan du vilseleda dig själv när du inte följer dig själv och oss.

Många delar av din resa handlar om att släppa taget om ditt gamla jag och det som är förlegat för den du har blivit i det nya nu som du upplever. Varje gång du får till dig att släppa taget kan du fråga efter tecken omm vad det är du behöver släppa.

Om det skulle visa sig vara arbetet, kommer tecken som får dig att tänka på jobbet än mer att uppenbara sig.

Om det handlar om en relation kan du "råka stöta på" flera relationer av den typ du egentligen skulle vilja ha. Om det nu endast skulle handla om att släppa på kontrollen om hur du vill att framtiden ska te sig (som dock inte alls alltid upplevs enkelt) får du inte fler tydliga tecken utifrån utan då upprepar sig endast tecken om att vi är med dig.

Du får gång på gång till dig att du kan vara trygg, vi tar hand om dig. Hur ditt resultat ser ut i slutändan lämnar du till själen. För vi hjälper dig att styra livet genom vår vägledning om vad du behöver göra för att gå igenom processen på rätt sätt för dig. Om du tar dig tid att lyssna kommer du uppleva tecken.

Vem du tar hjälp av spelar ingen roll i det stora hela. Vi verkar alla för samma sak. Däremot känns våra energier olika och ger dig därmed olika upplevelser och råd. Men vi alla kan se den stora helheten och vi vet vad du är ämnad att komma till.

Lyssna därmed noga på vad som kommer fortsättningsvis genom denna skrift. Bekymra dig inte om vem du har kontakt med. Lägg tanken och funderingar åt sidan och lyssna in det vi har att säga med hjärta och själ. För när du lägger din energi på intentionen att lyssna med hjärtat, då kommer allt hamna där det ska.

# Vem är din vägledare?

*Egentligen är det inte noga att veta exakt vem eller vilka vi är. Det viktiga är att du känner vår kärlek till dig och att vi kan skapa den tillit som behövs mellan oss alla.*

Många av er fokuserar allt för mycket på att se oss i en fysisk form, att vi så att säga måste förstås som om ni var tillsammans med en person eller veta exakt vilket väsen ni har med er.

Vi är allt. Uppkommen ur allt och inget på samma gång. Allt är energi. Vi har ingen fysisk form vilket innebär att du egentligen skulle kunna sätta vilken fysisk form som helst på oss. Välja det som passar och som ger dig störst trygghet. Därför är det precis så vi också visar oss för dig. Både genom att andra förklarar vem och vilka vi är eller det du själv ser med hjälp av ditt tredje öga.
Vi är det som ger dig störst trygghet och tillit på samma gång som vi är det du behöver för att du ska utvecklas som bäst och precis dit du ska.

Vi är inom dig och utanför dig på samma gång. Helt enkelt därför att vi är ett. Och det är precis därför som vi kan säga att Elisabeth är en ängel precis som vi eftersom vi är samma energi och det är i den energi hon känner sig som mest hemma.

Eftersom djuren lever närmare sin sanning än vad ni
människor gör använder vi oss också av djurandar och
djurens väsen för att närma oss er.

Det du behöver veta är att ju närmare du kommer dig
själv och din sanning desto närmare är vi. Vi kan ta vår
plats som är inom och utom dig, i alltet på en och
samma gång.

Vi är det du är. Du är det vi är. Vi är ett.
Du är sanning. Vi är din sanning. Tillsammans når vi
den högsta sanningen som finns för dig.
Det är då du existerar i din fysiska verklighet med den
känsla ni beskriver som vaken och medveten.
Där du vet vad du är. Där du minns ditt sanna och
storslagna jag och där vi ständigt är en del av varandra.


*****


Får till mig att jag ska skriva. Blev ombedd att ta den
längre bussturen till jobbet för att få mer tid. Så här sitter
jag, utan en aning om vad jag ska skriva.

"Rätt vibrationer. Rätt energi. Allt behöver skapas till
sin plats", säger den ängel som sitter bredvid mig på
bussen.
Det är en ljus, rosa skimrande skepnad som även går
över i blått skimmer. Som en han och hon på samma
gång.
Hen pekar på boken jag håller i handen.

"Skriv anteckningsbok", säger hen.
"Vi behöver vara tydliga och du behöver lyssna till varje ord vi säger nu."

Denna ängel är den som speglar hela the Choir of Angels just nu. Som att de alla har samlats i en enda skepnad.

"Lyssna nu noga, men bry dig inte om stavfel, de kan vi korrigera sedan. Precis som att vi även kan korrigera detaljer i livet senare, men vissa detaljer är så pass viktiga att ni inte bara kan springa över eller forcera er igenom. Det vi förmedlar kan ofta låta simpelt, för simpelt i en människas öron. Lyssna in nu.

Du hör oss. Det har du alltid gjort. Du har alltid kunnat se oss. Förnimt oss och känt oss.
Men väldigt ofta vänder du dig ifrån detta och lyssnar till något annat i stället.
Vi vet att din hjärna ställer till det för dig många gånger, att du blir ouppmärksam och får syn på annat. Vi vet att det är krångligt många gånger.
Ofta har det varit svårt utan att du ens är medveten om att det är svårt. Med tron om att andra upplever livet likadant.
Alla upplever naturligt nog livet på eget vis, utifrån sin skapelse, men för en person med ADHD blir det extra spretigt. Svårt att känna in och stanna här för att lyssna in oss.

Tro oss när vi säger att vi finns ständigt vid din sida för att guida dig rätt. Men då är du redan någon annanstans. Där vi inte når. Där du inte hör.
Det är därför stillheten är viktig. Där du sätter dig ner, tar ett djupt andetag och för en sekund lyssnar in vad vi vill säga."

Ser ängeln sitta bredvid mig igen. Pekar på boken jag skriver i och tittar på mig på samma gång som för att visa att jag ska fortsätta att vara uppmärksam.

"Ni vill alltid veta vad ni ska göra samt har en tro på att något alltid behöver göras och uträttas. När ni ibland inte behöver göra någonting alls. Det är en hårfin balans att göra för mycket och på samma gång inte göra för lite.

Vi finns alltid med, viskandes, pekandes och symboliskt visande konstant. Vi leder dig rätt. Du behöver bara lyssna. Ibland säger vi inte många ord. Men det är just de orden du behöver höra.
Ditt sinne vill ha mer. När det inte behövs mer."

# Resan början

*Vi vill ha kontakt med dig.*
*Vi vill vara en del av ditt liv du lever.*
*Vi är till för att användas.*

Använd oss till att skrika åt, ryta åt, skratta med, gråta med och för att gå framåt i livet med.

Vi vill att du talar med oss, frågar om råd och diskuterar om livets mening med. Använd oss till dina frågor. Använd oss för din utveckling.

Vi finns här och är till för att nå din personliga framgång om rikedom i livet som innebär överflöd av kärlek som är livets energi.

När du lever i överflöd med oss existerar inga gränser mellan oss. Världarna suddas ut och blir till en vacker helhet.

Vi hjälper dig. Finns där varje steg på vägen. I ur och skur, i himmel eller helvete, i nöd och lust. Vi känner varje tanke och känsla av dig. Vi är ett team som tillsammans kan upptäcka hur härligt livet och universum kan vara i symbios med varandra.

Låt oss få bli den del av dig som vi är menade att vara. Vi vill vägleda dig till en vacker tillvaro i andlighetens ljus.

Det som upprepas är vår vägledning. Det som är oro är din tanke. Det som är ljus, kärlek och glädje är vår vägledning. Det som är rädsla är din tanke. Allt som är ljus, kärlek, glädje, upplevelser, spänning och förväntan är det som väntar dig när du följer vår vägledning.

Visst har du hört det förut. Supporten har kommit till dig på många olika sätt. Vi har talat till dig i flera omgångar. Vi har bönhört dig om att lyssna, om att släppa taget och att våga kasta dig ut till det som du längtar efter att få uppleva av livet.

Ändå har du inte vågat att följa. Ibland. Någon gång då och då. Men när lyssnade du till oss hela vägen?

Det har inte hänt ännu.

Vi vet vad du tänker, men jag har följt varenda spår ni har lagt ut. Du försöker att opponera dig.

Men sanningen är att du inte har verkat för att följa oss helt och fullt. För då hade inte ditt liv sett ut som det gör nu.

Du hade redan varit i din dröm. Du hade redan varit i upplevelsen. Du hade levt någon annanstans och gjort något annat med de dagar som nu glider förbi.

Det är vad vi menar med att du följer ibland. För vissa dagar ser precis ut som du önskar. Du upplever stunder av enormt välbehag och intensiv lycka.

Men friden finns inte inom dig konstant. Det beror på att du inte har följt den vägledning du får helt och fullt. För du har i stället följt din rädsla, någon annans rädsla eller ett mönster som fortsätter att skapa självsabotage för dig. Du har inte haft den tillit du behöver att ha.

Är du redo att ta livet till nästa nivå?

Lita då till vad vi har att säga. Följ våra råd och lyssna i varje stund på vad du bör göra härnäst. Bara då, och endast då, kan du komma till himmelriket på jorden. Vi vet att du längtar. Annars hade du inte suttit med vår skrift i din hand. Vi vet att du kan, annars hade du inte kommit dit du befinner dig idag.


*****

## Hur du får hjälp

Om du vill att vårt team och vi ska hjälpa dig lyssna in oss, följa oss och in i upplysning som du läser om i denna bok, gå vidare till www.livsinspiration.com för att skapa kontakt med de budbärare som hjälpt oss skapa detta verk. Vi har tillsammans byggt en hel visdom som lyfter upp, guidar och leder dig steg för steg vidare på din själens resa. Vi välkomnar dig med öppna armar och vill leda dig till den största bravur och kärlek du kan uppleva. Inifrån och ut.

# Att starta kommunikation



För när du tog steget skapas nytt som du måste ta itu med och vad händer då?

Mestadels av tiden stannar du upp.

I stället för att fortsätta lyssna in, följa våra råd och göra det vi ber dig om. Att ta nästa steg. Ta itu med det som verkar vara ett hinder.

Helt plötsligt är det som att vi inte längre passar för att det du använt innan för att få i gång din situation fungerar inte helt längre. Du måste lära dig något nytt. Vrida och vända på saker. Utveckla konceptet. Vidga dina vyer. Skapa en ny erfarenhet som sedan kan ta dig vidare till nästa steg.

Det ni människor inte förstår är att du inte kan ta dig från ett steg till nästa direkt. Det är den nya kunskapen som måste falla på plats först innan nästa steg är tillgängligt att gå. Det är därför det är viktigt att följa det vi ber dig om. Vi vet hur du får kunskapen du behöver på mest effektivt vis för nästa steg. Vi vet vad du behöver lära dig för att komma vidare. Vi har svaren, så varför inte bara lita till dem?

Ni är envisa varelser. På både gott och ont. Det goda egenskaperna är att ni är uthålliga. Kan hålla på hur länge som helst. Problemet är att ni oftast lägger den energin på helt fel saker. Lägger envisheten och styrkan på att trassla in er i samma hjul igen och igen.
I stället för att ta den enkla vägen direkt. Möta dina problem, det som ser ut att vara ett hinder i dina ögon som egentligen är en lärdom du behöver till nästa steg. Om ni bara visste att livet skulle bli så mycket enklare av att följa, inte ifrågasätta varför för att ni bygger era föreställningar baserade på hur den fysiska verkligheten fungerar.

Det kan tyckas som att vi hoppar fram och tillbaka i texter och i ord, men även detta har en uträknad mening. Lita på oss, vi ser från ett högre perspektiv och kan vägen för dig. Precis när vi förmedlar detta till dig vill ditt ego dra in, du vet den där tanken som vill ifrågasätta, och visa dig att "man borde nog ändå", "vet inte om jag litar på det här, det verkar lite befängt".

Du vet att vi har rätt. I djupet av din själ vet du precis. Du känner oss och vet att vi har ett starkare band mellan varandra. Men ditt ego vill fortsätta ha kontroll och styra dig mot det trygga och invanda. Vill inte släppa på sin makt för att du ska bli en fri själ.

Precis som de stora makter som härjar över världen. Rädsla för att förlora kontroll. Detta är precis det egot sysslar med, rädsla för att förlora sin kontroll.

Rädsla för att livet ska bli någonting annat än det man är van vid, det man är lärd av och att förlora de programmeringar som tidigare har fått härska.

Men det är dags för ett nytt paradigm. Det är dags för ett nytt skifte. Det är dags att låta själen styra. För i denna tid är det många människor som vaknar upp, och det är många som behöver vakna.

För ni alla är viktiga, du är viktig. För du är utvald att göra någonting som är större än vad du kan räkna ut idag. Därför är den här boken viktig för dig. För att vi på sikt kommer förmedla ditt livsverk, det du är här för att utföra.

Du behöver inte just nu veta hur du ska utveckla ditt samarbete till oss. Just pay attention. Lyssna till oss. Försök inte att räkna ut på förhand om vad som ska ske. Egot vill alltid ha svaren i förtur. Men som vi tidigare förmedlade, du behöver gå ett steg i taget för att kunna ta nästa steg. Varje steg behöver bli färdigt. I tur och ordning. Du kan inte växa innan ett steg är klart.

Detta är ett steg. Tålamod. Din tid kommer. Lyssna in och det kommer ta dig snabbare framåt.

Det kommer att komma tider då du känner dig utsatt, rädd eller kränkt. Det är okej. Det är en del av lärdomen. En del av ditt växande. Och en del av att ta fram din unika röst i världen. Din själ väntar på att äntligen få ta sin plats.

Du har redan nu tagit ett viktigt steg genom att du tar emot de ord vi ger dig genom den här boken.

Det tackar vi dig för. Men vi vill också att du ska veta att detta bara är första steget på en viktig resa vi är menade att göra tillsammans.

Vi är här för att leda dig genom din resa och din mening så att du kan ta din plats i det stora uppvaknandet på jorden. Du hade inte varit här och läst dessa rader om det inte var menat att även du är en viktig budbärare för jordens nya paradigm.

Förstå det vi just sagt dig, att du är en del av något mycket större än du kan föreställa dig idag. Du sitter på en unik visdom som är en nyckel för både dig själv och andra. Denna nyckel behövs och vi vill hjälpa dig att hitta din nyckel eftersom det är då du tar din plats i den större helheten.

Så ett steg är taget. Gör nu inte som du tidigare gjort och stanna upp igen. Lita på oss. Följ det vi ber dig om. Låt inte dina gamla programmeringar, rädsla för förlust och egots kontroll styra mer i de val du gör.

Lita till hjärta och själ. Det är där dina svar finns tillsammans med oss. Hela tiden steg för steg. Bara ett steg i taget, det är allt du behöver fokusera på. Ett steg i taget sker i nu. I nu sker endast ett steg i taget.

# Utveckla samarbetet

*Vilka är ni undrar du stilla. Hur ska jag kunna veta att ni är närvarande. Jag kan inte se och inte höra.*
*Hur ska jag kunna ha tillit.*

Alla dessa frågor ställer ni om och om igen. Och vi ger dig alltid samma svar. Vi finns i ditt hjärta. Där du bara vet. Du upplever. Du känner. Djupt inom dig vet du. Bara av att du läser dessa ord just nu klickar själen an inom dig och du vet.

Den som är redo att vakna kommer att höra. Den som fortfarande är allt för sluten vänder sig bort från oss och därmed också bort från sig själv.

Du behöver lita till det du upplever. Inte fösa bort till att det är dina fantasier eller att vi inte existerar. Du har alltid känt vår närvaro. För visst kommer du ihåg de stunder av redan när du var barn och bad till oss. Du kände oss. Du talade till oss. Vi hade en kontakt med samvaro byggd på tillit. Vi vill öppna den kanalen på vid gavel igen. Det kan komma att bli svårt i de stunder du kämpar emot. När du försöker att vända dig till de människor som fortfarande är slutna.

När du öppnar din tillit och vänder dig till oss och finner en gemenskap med likasinnade i andra människor, då kan du utvecklas snabbare och enklare. Sträva inte emot. Uteslut oss inte mer. Lägg din tillit till det du upplever och tror på. Det är endast i ditt sinne inget av dina upplevelser med oss existerar. Men du vet. Den du är står i ständig kontakt med oss och universums alla lagar.

Tvivla inte mer. Vänd dig från det som hindrar dig. Vänd dig in i ditt hjärta. In i din själ. Där vet du. Där har du alla svar du behöver. Och det är där du finner oss närvarande konstant där vi kan hjälpa dig att inneslutas i ren och skär kärlek.

****

I detta kapitel kommer vi att vända på språket. Engelska kommer in. Helt enkelt för att Elisabeth saktar ner i sina tankar då. Hon får ett annat fokus för hon måste leta efter ord mer och då får vi en chans att träda igenom lättare. Därför kommer det att skifta, för att hon ska kunna gå djupare in i sin kanal och sin mission att vara vår förespråkare. Vår röst. Allt har en mening också för dig i detta skifte.

Things that she haven't been able to say out loud is that she by herself is an Angel. We know that. She knows that. But to say it out loud is hard for her and therefore we're saying it for her.
We are not afraid. We know what this shall lead to, but her ego does not, and therefore we have to step in and give the process a push forward.

Her ego is trying to slow down this process, is trying to take over the power again by saying that the English

32

now pronouncing is not good enough and that she can´t bring out the right words and frames in a language that is not her birth language.

But we know and we will come forward anyway, and it doesn't matter if her brain can't say the words that we speak through her. It will be perfect; you will understand, and her ego will lose the control for every word that brings out in the air.
It's a process of growing. It's a process of not knowing. It's a process to letting the soul be free, to let life lead you and take every step forward that you need.

Never look back. See all the things that your ego may see like mistakes. That this so-called mistake truly is just something new that you have been learned into this glorious world.
Your soul is here for a reason. Your soul was born to do something magnificent. You know that deep inside your heart. You know that and our mission right here and now is to help you to release that exact moments that you need to release. This book by itself will not do the whole part, but it's a great start for you to start listening to your heart, to your soul and start the journey of doing what you are here to do.
You are important. You are one part of a very big puzzle that will lead the humanity forward and into a new lifetime. You may not see it yet. You may not even feel it, but it is the truth, once again this is not in your fantasy. We do speak directly to you.

## Det här kan vara ditt steg vidare

Vi finns tillgängliga för dig på www.livsinspiration.com för att lyssna in dig och ge dig det du behöver i ditt nästa steg och med vår budbärare som hittills delat våra ord till dig vill vi fortfarande att du ska förstå att du är viktig. Du har en plats.

# Våga följa

*Som vi tidigare sa dig, du velar bort dig genom att göra annat i stället för att lyssna på den vägledning du får.*
*Vi talar inte om vägledning från andra utan den vägledning du erhåller direkt genom oss.*
*Den du har inom dig.*

Till en början är det svårt att höra, helt enkelt därför att du inte lyssnar. I stället envisas du med att tro att de föreställningar du fått av livet är det rätta att följa.

Att det är rätt att fortsätta vara rädd och att det är rätt att följa de impulser av vanvett du får till dig. Både ifrån ditt sinne och andra människors omedvetna galenskaper.

Vi vet att du upplever att detta kan låta hårt. Med tanken om att himmelens budbärare ska vara ödmjuka och dela alla vackra ord och budskap.

Det vi gör är i kärlek, respekt och ödmjukhet. Men när ni inte lyssnar behöver vi använda ord för att du ska förstå hur du själv förstör för dig själv.

Det är hårt att höra sanningen om vad du gör med ditt liv. Om vilka situationer du fortsätter att försätta dig i trots att du egentligen vet vad du behöver för att släppa allt ditt lidande. Ändå envisas du och de allra flesta människor att följa det som ger fortsatt lidande.

Visst har allt detta även det haft en mening. För genom lidandet lär du dig om kärlek och genom lidande erhåller du förståelse och ödmjukhet.

Men när du lärt allt detta. När du redan insett hur hårt livet kan kännas genom allt det du upplevde bara genom att du föddes in i denna värld och växte upp inom galenskaper, behöver du då verkligen försätta dig i lidande mer?

Vi upplever att det är nog nu. Vi anser att du är redo att släppa taget. Släpp nu din envishet, din stolthet och din kontroll på hur livet måste ske och se ut.

En stor missledande effekt ni använder er av är ordet drömmar. Men jag måste ha drömmar och mål, uppger du. Envist och ursäktande. Hur ska jag annars kunna veta var jag ska.

Drömmen är redan närvarande svarar vi. Du har redan allt du söker och behöver inom dig.

Allt det du önskar och drömmer om är så mycket av egots begär efter att vilja ha mer, vilja få berömmelse och erkännande.

Det verkliga ljuset söker inget erkännande. Det söker inga anstormningar. Det söker inte lycka i form av ting och material.

Ljuset vill endast vidgas. Själen vill vara fri. Ljuset vill förmedlas. Och av alla dem som först känt ljuset i sitt hjärta kan detta spridas utan önskan om erkännande och makt. Utan drömmar och mål om hur det borde vara.

Drömmar som egentligen är föreställningar gör att du vilseleder dig själv då de utgår från hur sinnet önskar att en perfekt tillvaro såg ut. Det är att leva i framtiden och hela tiden önska sig mer än det du redan har. Som att det du redan innehar aldrig skulle vara tillräckligt.
Att du inte skulle vara tillräcklig.

Åter igen, du har redan allt. Du behöver inte drömma om mer. För när du följer, när du har tillit, när du släpper kontrollen på hur livet borde se ut, då kommer allt bli så mycket bättre än du någonsin kunnat räkna ut. Ditt sinne kan inte förstå detta. Det är i hjärta och själ alla svar finns. Det är där du upplever. Det är där du finner din tillit.

Börja därför med att lyssna inåt. Lyssna till hjärtat. Därifrån kan du sprida ditt ljus. Därifrån kan du skapa en tillvaro där frihet existerar i varje andetag.

****

You have been told that you need to do great, big things. That a simple thing can't make a big change.

But the thing is, if many people taking small steps, doing something little and make things simple, together they will bring a holiness that together will make a great change. Therefor you must know that you are important. You are important and your mission is important and that's why we are turning to you through

Elisabeth because she is our voice right now telling that you need to start listening more to your soul.

You know when we say that you are here for a reason. You have always known. You have always been different. You always been something that people do not understand and that is because you are not only human.

You are one of us and you have always known it. Always prayed to God, to the Angels. No one told you, you just found it in your heart, and did it because you know from your inside that this was the right thing to do.

We never left you, but you did forget us for a time. For a long time, you didn't hear us, you didn't speak to us, and you forgot who you were.

Now we are here to tell you who you truly are. We are here to tell you that everything your soul truly dream of can come true if you just follow your soul and follow the great mission you're here for.

Because if you follow then you will be rewarded with everything you need, but you need to take the steps we send to you and that's why we're here right now.

Elisabeth's ego now wants to continue to put in some words, so this is not us speaking. Her ego is now telling that this cannot be true. We cannot just say to people what they must do to come forward because every person must make their own choices.

Thank you, ego. We will step in again and take over now. Thank you so much, this is the Angels again.

We know that a lot of ego's thinking like this, but as we told you in the beginning of this book, we know what you must do. We know what you need to come into your soul mission and find your soul tribe and therefore you need to listen.

You need to take the steps that we are begging you to take. Of course, you always have a choice. Of course, you can always choose to turn against what we are saying but then you will not be true to yourself.

Despite of that you can have a very good life. You can have much love. You can have greatness in your life. You can travel and just have a wonderful time, but you will not be truly happy because your soul was created for something else.

You see, when you came into this world, your soul and us together made a deal that you were sent to the earth to help the people that are on earth now to grow.

So again, you have a choice. You always have a choice. You can choose not to listen to us. You can choose to see this as a fantasy so you can continue to hide from yourself who you truly are. You can choose to see this exactly as Elisabeth's ego do, that maybe this is just a manipulation for you to do what she wants you to do, to buy a course as an example.

We know that the courses she is building is in contact with us. It's not the ego, it's not her physical form of personality that builds the courses. Because this is the soul together with us, the Angels that all building this so that you can rise and take your place and this great mission you have.

Call it "to save the earth", we just say that for the best of earth, everyone must take their place. You can choose to turn away from your place. You always have a choice, but you have this book right in front of you for a reason and of that you are very aware of.

And just as Elisabeth had much doubt for so long time, we know that you are in that too, but we want to help you just like we did with Elisabeth when she was doing the big project of Awakening. We can get there with you too if you choose to listen to every step that we're bringing you. This book is one of the steps to pass through the ego and its survival systems.

# När utmaningar uppdagas

*Vi vill förtydliga att vi hör dina böner.*
*Ibland tar det dock lite längre tid att leverera i ert*
*tidsperspektiv. Vi ber dig att ha tålamod då vi väntar in den*
*rätta tiden där allt är totalt synkroniserat.*

Alla skeden behöver vara i perfekt balans för att du ska förstå det som sker samt för att du ska kunna ta emot det du behöver ta emot. Ibland krävs det att du har utvecklat en ny kunskap innan vi kan verkställa en bön. Vi vill åter igen påminna dig om att vi är med dig på resan. Du är i en tid av stor utveckling som i stunder kan upplevas som svår. Använd smärtan och vänd den till din styrka i stället. Be oss och vi ska visa dig hur.

Ta dagen i glädje att vara stolt över hur långt du kommit. Gläds över att leva det liv du lever. Ta dagen till att uppleva. Ta det lugnt, ta det vackert.

Allt är i sin ordning. Vi finns med dig på resan i varje steg och i varje andetag.

Be oss om hjälp när du behöver styrka. Be oss om hjälp när du behöver mod. Be oss om hjälp när du behöver lindra din smärta. Be oss och vi finns där.

När du tar ett steg. När du trycker på knappen för start. Det är då resan börjar. Det är också då tilliten dalar och du förvillar dig själv. Hur smyger sig in i ditt sinne. Kontrollen tar överhand om hur resan skall ske, vad som ska ingå och hur resultatet ska se ut. Allt detta skapar ditt sinne. Fantasier och strategier om vad som bör göras.

Du sliter dig fram. Kämpar igenom varje steg. Allt du utsätter dig för blir en kamp där du känner oro och ibland även tappar fotfästet helt. För att sinnet och kontrollen tar överhand. Det du blivit lärd och programmerad till under dina levnadstider tar överhand. Rädslorna traskar sida vid sida även om du inte vill kännas vid dem. Därför trycker du ner i stället. Sluter in din själ och vägrar att lyssna. Intalar då dig själv att det är lättare att ta ett mindre steg i taget än det du egentligen behöver, att allt faller på plats om du bara väntar in, låter andra göra en del av jobbet, sätter tillit till andra och låter dig övertalas av någons galenskaper om hur du borde göra.

Du har din väg. Detta är din resa. Ingens resa ser likadan ut som någon annans. Ingen har varit med om det du har erfarit i ditt liv. Ändå litar du mer på vad andra anser än att lyssna till din visdom. Låter andras rädsla välla över dig och ta över din existens.

I stunder återhämtar du dig och blir klar för att sedan falla in i samma fälla ånyo. Utmaningen är att hålla dig i din energi samtidigt som du möter andras. Att lita till din högre intelligens och låta dig bli vägledd av en större visdom än den ni kan hitta i er fysiska tillvaro.

Varje gång du kämpar. Varje gång du befinner dig i lidande. Vänd dig till oss. Vänd blicken inåt. Andas dig in i stillhet. Det är endast i stillheten du kan höra klart. Där i denna stillhet finner du varje svar du behöver.

Men du får aldrig hela kartan på en och samma gång, ty det hade din mänskliga existens inte kunnat förstå och ta till sig. Och eftersom hela din existens handlar om att lära dig finna tillbaka till tillit och samhörighet med alltet är varje steg ett steg i tillit. Utan karta. Utan kompass. Utan de garantier ditt ego ständigt söker efter.

Ljuset är i nu. Nu är allt som är. Inget kan bli annat än nu. Därför, varje gång du sätter en tillit till en dröm om framtiden, hopp om att allt löser sig så småningom, det gör att du missar möjligheten i nu.
Nu är det enda som någonsin existerar. Allt annat är en tanke, en illusion en fantasi om något. Det är endast det som sker i nu som är verkligt.

∗∗∗∗

Tillit och tro. De svåraste redskap du behöver bemästra på denna resa. För hur ska du kunna tro på något du egentligen aldrig har sett existera?
Trots att du nu har fått kontakt med oss. Och trots att du egentligen har känt oss hela livet, så är det ändock en känsla som du fått lära dig att inte lita på.

I vissa stunder har du inga problem med att lyssna på din känsla, intuition, hjärtat eller magkänslan. Samma ord för egentligen samma sak. Känslan av något inre och högre som dagligen finns till för att vägleda dig.
I vissa stunder har du lyssnat. I vissa stunder har du avvikit. I vissa stunder har egots rädsla varit alldeles för

43

hård och du har då manipulerat dig själv till att ta omvägar och ibland en helt annan väg som inte ens var rätt för dig från början.

Trots det så har du ändå kommit fram till där du är nu. Här. Nu. Tillsammans med oss. Du kom hit trots alla de gånger du avvikit från din väg. Så har du egentligen avvikit?

Var det inte endast vägar du behövde att ta för att inhämta mer kunskaper och lärdomar?

Så att du skulle kunna komma fram till exakt denna punkt där du befinner dig nu. Nu, där du står redo att kliva in i en ny verklighet. Där du står redo att kliva in i själens mening. Din mening om varför du är här.

Meningen är olika för alla. En grundform för meningen med livet är att själen alltid är här för att uppleva sig själv. Men hur den vill uppleva detta och vad den vill göra med upplevelsen, det är vad som skiljer olika själar åt.

Nästa steg för dig är att börja undersöka varför just din själ valt kroppen i ditt liv. Varför den valde att befinna sig där du är nu och varför den valt detta och andra livstider före som de boningar som skulle ge den perfekta kunskapen för just ditt uppdrag.

När du kommer i kontakt med denna visdom inom dig och känner den. Det är då du upplever själen och din mening på jorden.

När du befinner dig i din mening har du inga tvivel kvar. Du följer den energi som skapas i nuet och du känner tillit till att det som sker alltid bär dig på rätt väg, Egot har då släppt på sin kontroll och även denna del av dig har hängett sig åt sitt högre kall.

Innan du kommer dit är det dock en speciell resa. Resan ni kallar det spirituella uppvaknandet. Vi kallar det för att åter minnas vem du är och varför du antagit en fysisk form.

Under din livstid, och många andra livstider, har du fått med dig programmeringar om vem du är och vem du borde vara. Programmeringar som inte bär på sanningen utan i stället har skapats till nya personligheter om vem du tror att du är. Du befinner dig då långt ifrån ditt själsliga jag och lever efter de programmerade personligheterna i stället. Det är när du är i dessa programmeringar som du upplever ilska, frustration eller upplever ångest om vem du är eller vad du lägger din tid på för att nämna några exempel.

När du träder in i ditt spirituella uppvaknande startar en process av mången smärta. Du upplever allt det som finns lagrat på din insida och du får se de programmeringar du bär. Du kommer i första skedet att se vilka personligheter du antagit och då börjar resan för att transformera om dig själv till dig själv.
Resan är tidvis svår. Bitvis hungrar du efter mer kunskap och i andra stunder saknar du tillit till det som sker helt. Du känner ilska och frustration gentemot oss och förbannar universum i flera omgångar. För du försöker att kämpa emot den du egentligen är. Just därför att du

vet att du är annorlunda. Du känner dig avvisad och förstår inte hur du ska hitta hem i den värld du lever inom. Men din själ bär på de svar du behöver.

Så när du befinner dig i tvivel. När du är långt från dig själv. När du har svårt att känna tacksamhet eller glädje. När det helt enkelt är svårt och du inte har en aning om hur du ska orka fortsätta. För allt blir prövat genom denna fantastiska resa. Allt ges dig för att du ska bli den starka och trygga individ du kom hit för att vara. För att du ska stå stolt och bära ditt uppdrag med den grace som är du.

# Lita på när du inte längre hör

*När vi börjar närma oss varandra sker ytterligare ett skifte.*
*Där det kan kännas och upplevas som att du tappat oss. Som*
*att du inte längre hör eller ser.*

Du hamnar i brist på tillit och känner dig mycket förvirrad i detta skede. Var lugn. Det är som det ska. Detta sker för att du utvecklas. Vi går närmare varandra och i den processen växer vi samman så att det känns mer som att du är vi och vi är du. Därför kan det upplevas som att vi inte längre finns omkring dig, som att vi inte längre sänder dig tecken eller som att vi stundtals har försvunnit från dig helt. När vi egentligen är närmare än vi någonsin varit.

Detta är en naturlig process och vi vill förbereda dig på detta, så att du vet när du befinner dig i det. För du kommer då minnas det vi sagt dig här och på så vis förstå att allt är sin ordning och att vi håller på att sammansmälta till en större enhet tillsammans. Där vi minns vem vi är, står i vår sanning och utför det vi kom till denna fysiska existens för att utföra.

Det som sker i denna fas är att livet och det som sker där blir dina viktigaste tecken att följa. Det som sker omkring dig är numera vår vägledning. Helt enkelt därför att du nu kommit så långt i din medvetenhet att du kan reflektera och förstå att allt som sker utanför dig är en del av dig själv. Du vet nu att ditt inre och yttre är en sammankopplad enhet och att allt i livet visas dig för att du ska fortsätta växa på insidan.

Du ser, nu lever du alltmer inifrån och ut. Du skall träda djupare in i din upplevelse där livet formas efter den du är.

Detta skede kan som synes och sagt verka förvirrande till en början. Eftersom du tror att du tappat allt och står i förvirring om var allt egentligen har visat dig och tagit dig någonstans hittills. Ingenting blev ju som du hade tänkt och drömt om eller hur?

Men är det egentligen sant? Inom dig vet du att det inte är så. Ty du vet att du fått till dig allt du behövde för att befinna dig där du är idag. Du kan nu väva samman alla kunskaper och förstår den visdom som livet visats dig. Och att allt handlar om att minnas vem du är och den mission du kom hit för att genomföra i detta jordeliv.

Om du bara tillät dig att lita till det du har inom dig, inte låsa fast dig vid hur livet ser ut på utsidan eftersom det är så du förstår visdomen i allt som sänds dig. Allt som kommer till dig kommer med visdom. Men det är när du kliver utanför egot, den logiska tanken och triggers som du ser visdomen. Det är där du ser, i kraften och ljuset från dig själv som du förstår att allt hör samman. Att allt vill visa dig en högre förståelse och ger dig energin av vad du behöver uträtta i nu. Ständigt nu, precis som vi sagt dig tidigare. Där du inte förvillar bort dig i vad som sker sedan.

I nu, när du stannar där vet du vem du är. Det är när sinnet befinner sig i dåtid eller framtid du blir förvirrad. Därför är allt det som sker i skedet av den process du befinner dig i här ytterligare ett steg närmare dig själv och in i nu. För att du inte ska fortsätta vela bort dig själv mer. Vi vill hjälpa dig med detta så lita på det vi har att säga härnäst.

# Gå djupare i ditt inre

*Så när du står i att du inte längre hör och känner oss.
Det är då dags att träda djupare inom dig själv. Där du i stället
hör oss inifrån djupet av dig själv.*

Vi håller på att sammanfogas. Vi är fortfarande här men du behöver lägga ditt fokus mycket djupare än du gjort tidigare.

Du har alla svaren. Du vet redan hur du ska göra. Du vet vad som behöver förmedlas och vad som är nästa steg. Du följer. Tar ett steg i taget. Tilliten vacklar fortfarande men du följer likväl ändå. För i djupet inom dig vet du att det gör att du kommer dit du ska.

Du vet ännu inte svaret på var exakt, men det finns en känsla i djupet, som du ännu inte kan sätta ord på, men den finns där, att det väntar något stort där framme. Bara du fortsätter att ta ett steg i taget och gör det vi ber dig om.

Så hur ska du veta, undrar du nu. Vad ska jag göra. Hur ska jag kunna komma djupare.

Följ oss och svaren kommer i nu. Ständigt i nu. Ingen annanstans än nu. Landa in i dig själv. Sök stillheten du redan bär på din insida. Låt inte oron av världen utanför påverka mer. Lita till rösten du bär. I hjärtat har du alla svar. Där finns all visdom.

Vi vet att vi sagt dig förut och att du blir frustrerad eller frågande om vad det är vi menar. Vi upprepar och du fortsätter att inte förstå.

Nej, det är inget fel. Det är ditt sinne som fortfarande är i vägen och skymmer din sikt. Men det är inte sikten framåt, utåt, utan sikten in i ditt hjärta. Hjärtat som är sammankopplat med ditt högre jag, själen och oss.

Men du fastnar i att fortsätta befinna dig i rädsla och försöker få kontroll över det som nu sker. När vi i stället ber dig om att släppa på kontrollen. Att våga lita till det vi ber dig om. Du själv vet redan nästa steg men vågar inte lita på att det kan vara ett så simpelt svar.

Ibland kan svaret också vara något som känns väldigt svårt. Helt enkelt därför att du har skjutit på det under allt för lång tid. Du visste att du borde för länge sedan men har ändå hållit kvar på grund av rädsla och tvivel. Framför allt tvivel på dina förmågor.

Till dig som nu vacklar i vad det kan vara vi vill förmedla, om vad ditt nästa steg är. Misströsta inte. Du kommer att få svar längre fram.

Men fortsätt nu att hålla dig i nu. Lägg inte tanken på vad det kan vara du får svar på sedan. Det kommer att ske i nu likväl.

Även Elisabeth går just nu in och funderar på vad det är hon ska skriva och förmedla. För orden känns tröga och vill inte flyta på klart. Även detta är naturligtvis uträknat. Allt sker för att kunna förklara på ett enklare vis på sikt. För när något är trögt, det är helt enkelt för att du inte är i kontakt med hela ditt jag. Befinner dig inte i nu utan strävar efter att förstå med ditt logiska sinne. Och det är precis detta som håller dig tillbaka.

För in i djupet är att släppa taget. Träda in i det som är ologiskt och låta energi flöda fritt. Och det räcker med bara en liten knuff som dessa ord för att Elisabeth nu ska släppa taget om sin logik och låta oss få förmedla mer om det som komma skall i nu. Där ingen har en aning om vad, hur eller var.

Allt är energi. Sker i energi. Nästa steg är in i flödande energi. Där vi försätter oss som i trance för att förstå. För att väcka upp det som behöver väckas upp.

Precis som ditt sinne är nu även Elisabeth förbryllad över hur detta ska kunna hjälpa någon framåt. Eftersom sinnet åter igen sätter stopp i stället för att följa med i den upplevelse som skapas i nu. Där ni vill veta svaret på en gång. Där otåligheten väcks och du måste veta nu. Den som är redo kommer fortsätta vidare in i våra ologiska ord och meningar. Andra släpper taget. Vilket som än sker, kommer vi inte ge upp om dig.

Våra ord kan just nu tyckas vara röriga, de verkar som svammel och du blir trött och kanske rentav ofokuserad. Detta är din kontroll, ditt ego som inte förstår och i stället skapar en dimma. Det egot inte kan förstå försöker den få kontroll över, kan egot inte få kontroll försöker det i stället få din uppmärksamhet på annat håll. Egot försöker fly det som det med sitt logiska sinne inte kan förstå. Det är då lättare att sätta dig ur kurs för att egot ska fortsätta ha makten.

Det här är en mekanism som finns inom dig. Ingen annan som skapar. Det är din inre kontroll som vill fortsätta ha kontroll.

För att få egot ur bruk, eller ur kontroll, så att dina rädslor och tidigare trauman inte ska få styra dig mer behöver du lyssna in i ditt hjärta.

När den kontroll som du nu känt på försöker ta överhand, då behöver du öka ditt fokus in i ditt hjärta, eftersom det är där du är i kontakt med ditt sanna jag, själen och med oss. Det är där upplevelsen finns. Det är där energi som är bortom sinnets logik kan nås.

# Sammansmältning

Låt nyfikenheten guida dig. Att du vill veta. Att du vill fortsätta trots att svaren inte kommer som sinnet hoppades på.

Släpp nu taget om hur det borde ske. Om hur det borde bli och om hur det borde vara. Ta emot det som är. Det finns en visdom i allt som är i nu. Du behöver tillåta dig att ta emot allt det som är för att förstå. Inte motsätta dig något. Sluta med att korrigera.

Vi vet att det vi förmedlar verkar simpelt. Men tro oss det finns en storhet i varje ord. Varje stavelse finns här för att väcka. Och det är som vi nämnt tidigare, när du lyssnar med hjärta och själ som du förstår. Det är då du tillåter dig in i upplevelsen. Släpper taget och låter dig förföras av det som sker i nu. Där du känner vår förening. Där du lyfts upp och där energin förändras.

Så lite som behövs när sinnet tror att det måste vara stort. Vi vet att varje stund inte upplevs lika himlastormande. Vi vet att sinnet kan få det att verka futtigt och mindre värt. Men vi ber dig, känn in i det som sker i nu. Precis nu när du läser dessa rader.

Vad sker i nu?
Det är i nu vår sammanslutning sker. Kan inte ske någon annanstans. I nu är vi redan ett.

Problemet är att du tror att vi är åtskilda när du inte upplever som du gjort och gör.

Att sinnet fokuserar på att vår sammanslutning ständigt skulle upplevas densamma. Att det ständigt är ljus, himmelskt och älskvärt. När livet innefattar allt.

Din själ vill inte vara utan något av det. Allt är vad liv är. Och liv, det har du inom dig, ständigt i nu. Du kan inte vara annat än liv. För hela du är liv. Din kropp är liv som skapar liv i varje stund. Kroppen kan inte vara annat. Och i den stund din kropp tar sitt sista andetag träder du vidare i en annan del av liv.

Men det är det nu du är i nu, i din kropp, i nu, kan uppleva liv.

Det finns en väg i det liv du befinner dig i nu, där du genom din kropp kan uppleva livet, den energi av liv som finns i allt levande. För om du lyssnar till det vi har att säga, verkligen lyssnar till det vi är här att förmedla, där du lyssnar i ditt hjärta samt att du att lyssnar med själen samtidigt som du släpper taget om ditt logiska sinne.

Det logiska sinnet kommer aldrig förstå hur mycket det än vill få svar på vad som händer, hur något ska ske, vad som har hänt, hur du kommer vidare och hur du ska förstå det som vi säger och ber dig om just nu.

Du behöver släppa din logik. Du kommer inte in i upplevelsen av liv när sinnet försöker ta över kontrollen. Själen och upplevelsen är det som måste få vara den som tar kommandot och för dig vidare in in i ditt inre där du finner kraften av liv och kan känna kraften av liv. Du känner det redan nu även om du ännu inte förstår vad du känner. Den lilla skiftande energi som har kommit smygande av de ord du läst i dessa rader. Ett skifte inom dig som förändrat något, som växer till och inte känns helt som det gjorde i stunden innan.

Något nytt som sker, som griper tag i hela ditt väsen, som vill få liv, få uttryckas och känna på alltet som redan existerar i nu.

Du behöver inget annat än att stanna i detta nu. I det som sker precis nu när du läser de ord vi skriver till dig. Dina ögon följer det som sker, sinnet försöker fortsatt få kontrollen och säga att inget verkar vara någon mening med det som sägs, inget verkar logiskt men i ditt hjärta, själ till själ, vet du att detta är sanningen. Det sker nu.

Du behöver inte förstå. Tillåt dig att bara uppleva det som händer. Sätt inga ord eller etiketter, inga dömande på det som sker. Följ bara med in den energi som existerar i nu. Känn på den. Upplev den. Låt den beröra. Låt den skifta.

Låt dig svepas med. Sitt kvar i det som sker så länge du behöver.

# Verktyg

Vi har många verktyg vi kan dela med dig. Det finns många sätt att nå dit du ska. Inget är rätt och inget är fel men det är åter igen där som ditt sinne förvillar bort sig självt. Där sinnet måste veta och måste ha svar.
När svaret är att det finns i nu.
Ständigt i nu vet du redan vad att göra. I nu vet du vilket steg som är nästa att ta. I nu känner och upplever du. Du vet redan. Svaret du söker finns i nu. Därför är de redskap vi visar dig delar som hjälper dig in i nu.

Även till ändamålet att ta dig till nu finns många sätt att välja på. Det viktiga är att välja en metod, den metod som för stunden, i nu, försätter dig djupare in i nu. Så att hela din skapelse, du, befinner dig i ett med livet.
Det kan därmed vara olika verktyg som tar dig dit, det behövs alls inga fasta rutiner om hur in i nu måste ske. Den sanna livets energi upplever du i nu. I ett med hela din skapelse är liv och liv är allt som är. Liv är den energi alltet är. I liv finns allt du söker, där finns alla svar och där finns nu.

I det som sker i nu kommer du också vidare. Ditt första steg från där du är när du läser dessa rader är att acceptera allt du upplever i nu. Motsätt dig inte något av det som sker, då det är när du gör motstånd du håller kvar. Genom acceptans av det som är skapar du ett fritt flöde och låter det ske som behöver ske för att ifrån nu komma vidare till nästa nu.

Vi vet att det vi nu säger kan låta förvillande men vi ber dig åter igen om att lyssna in med ditt hjärta. Det är i själ och hjärta du kan ta till dig det vi förmedlar och det är där du förstår. Den djupa förståelsen av livets essens kan inte förstås med sinnets logik. Den behöver du uppleva med hela ditt väsen.

Åter igen kan det kännas trögt när vi nu går in i dessa djupare delar av förståelse eftersom sinnet hänger sig kvar och försöker febrilt att förstå i logisk form så som du tidigare blivit lärd. I din transformation till dig själv, in i nu, där är inte logiken. I stället existerar där ett klarseende ur alltet.

Så vad är det då för verktyg som tar mig dit, undrar din tanke. Vi svarar an med att det beror helt på var du befinner dig i denna stund. I vissa stunder kan en bok som denna hjälpa dig in i nu, ibland behöver du träda in via din kropp och ytterligare vid ett annat tillfälle behöver du en stillhet för att ta ditt logiska sinne ur bruk för en stund.

Så vad är det du behöver i detta nu?
Lita till det svar du ger dig själv, förminska det inte och framför allt sätt din tillit till att detta svar är det som är. Vi vet att vi inte levererar de svar som ditt sinne eftersöker. Som verkar mer klart, tydligt och rakt. Men du ser, eftersom nu, ditt väsen och din själs samverkan inte sker på logikens nivå så verkar heller inte svaren på

logisk nivå. Det som sker i samverkan med din själ är essens av liv. I det som är. I nu.

Den som fortsatt låser sig på sinnets nivå kommer inte i detta nu förstå det vi förmedlar här. Men så snart du lyssnar och tar in med hjärta och själ, det är då du kan förstå och känna känslan i det vi förmedlar till dig.

Man kan tro att vi skulle förmedla konkreta svar med konkreta verktyg av att du ska göra si eller så. Men eftersom svaret är annorlunda i varje nu finns inga konkreta verktyg att ge.

Vi vet också att det gör att somliga som läser det vi förmedlar kommer känna det som sägs som meningslöst, att det är ingenting värt och att varför skrivs det inte så jag kan förstå. Åter igen, detta är ditt sinne som lurar dig igen. Svaret finns i ditt hjärta. Lyssna med själen. Släpp taget om tanke, sinne och all den logik som du vill försöka förstå. Vi säger det igen, du kommer aldrig att hitta svaren du söker där.

Men det du däremot kan göra med ditt sinne, det är att använda det till att förstå det du behöver bli varse om, utvecklas inom, ta för steg av allt det vi sänder dig i din fysiska verklighet. Därför att varje del av den fysiska existensen, varje person och varje situation du möter visar dig något om dig själv som du behöver vara uppmärksam på. Helt enkelt därför att det är detta som tar dig vidare när du är i nu.

I nu sker den fysiska formen av liv på samma gång som essensen av liv finns inom dig. När dessa två samverkar med varandra, när de smälter samman till ett, då är du där du hela vägen var menad att vara.

Vi kan genom denna skapelse förmedla några enkla, mer konkreta verktyg, men det är i det verkliga samskapandet med oss, som vi lär dig steg för steg om du behöver hjälp med att släppa på din kontroll.

Det program vi lett Elisabeth till att skapa i samexistens med de själar som står henne närmast, det är där vi leder dig in i samskapande med oss.

I samskapande kan vi mötas in i djupet av den du är. Det är där vi samexisterar och träder närmare in i nu. Steg för steg till dess att du befinner dig i nu. I det ni kallar upplysning.

För att nå denna punkt i nu behöver du välja att vakna igen och igen. Du behöver vakna i dig själv till dess att du ständigt befinner dig i medvetenhet, eller med andra ord i energin av liv i sig självt.

****

Med drömmar vill vi visa dig hur du kan använda både dina mål, det vill säga drömmen om livet och de drömmar du upplever under nattens sömn som vägvisare.

De drömmar och förhoppningar du bär på om livet kan bli den frestelse du behöver för att behålla ditt fokus.

Genom att du sätter intentionen på om vad du vill med ditt liv, det vill säga titta på hur du vill leva och verka enligt ditt själsliga drömscenario.

Vi vet att du kan undra över att vi tidigare förklarade att drömmar och förhoppningar är egots, ditt sinnes sätt att förmedla att du önskar mer av livet. Drömmar på själens nivå är annorlunda än de som sinnet skapar.

Ditt sinne har ett behov att vilja ha mer, vilja vara berömd, framgångsrik eller få erkännande på olika sätt. Det är behovet som är skillnaden mellan sinnets fasta och låsta mål kontra själens mål som handlar mer om själva skapelseprocessen. Med andra ord det som sker i nu.

Sinnets drömmar och mål är skapade utifrån om du skulle ha mer, få det du längtar efter så skulle livet te sig perfekt.

Själens drömmar är i nu. De skapas i nu. De är en visdom och sker i en skapelseprocess där sinnet i stället kan användas till en högre intelligens förfogande. Nämligen till det högre syftet och i kraften av dig själv. Kraften av liv.

Dina nattens drömmar är ett verktyg i vilket ditt undermedvetna kan få tala fritt utan dina tankar och andra intryck som går in och stör. Dina drömmar är en fantastisk vägvisare från ditt inre till dig som kan hjälpa dig att klargöra din situation. Genom nattens drömmar erhåller du vägledning och rådgivning som du får stor hjälp utav för att granska själens mål.

Du kan använda dig av intuitiv drömtydning för att plocka fram nattens budskap. Börja med att skriva ner hela din dröm med allt som du kommer ihåg i den. Utelämna inga detaljer.

Börja sedan med att titta på hur du tar dig fram i drömmen. Om du går, åker bil eller cyklar beskriver det hur snabbt du tar dig fram i nu och om det är du själv som styr liv eller inte. Om det är någon annan som kör ditt fordon visar det att du låter någon annan styra din färdriktning av liv.

Titta sedan på de personer som är med i din dröm, då alla speglar delar av dig. Plocka ut tre personlighetsdrag eller saker du förknippar med varje person. Detta visar dig vilka drag av dig själv som drömmen vill visa dig.

Ta sedan varje symbol i drömmen, alla de saker du sett, de du använt, byggnader du går in i och allt det du kommer ihåg av ting från din dröm. Gör samma sak som med personerna innan, att du skriver ner vad du förknippar med dessa symboler. Symbolerna blir en vägledning om vad du behöver fokusera på eller plocka bort för att komma vidare.

Dela sedan upp din dröm i tre delar. Oftast har varje dröm spontant flera delar eller sektioner där du byter plats eller perspektiv i drömmen.

Sektion ett av drömmen visar din nutida situation i ditt vakna liv.

Del två i drömmen visar orsaken till att du kommit till den situation du befinner dig i och del tre av drömmen visar problemlösningen.

Ibland får du inte alla delar i en dröm utan endast del ett och två. Om du skriver ner och tolkar dessa två delar kommer drömmar under senare nätter visa dig hur du ska lösa problemet.

Vi finns med dig i dina drömmar. Vi sänder dig de symboler och budskap du behöver. Du ser, vi samverkar med ditt undermedvetna för att ge dig det du behöver under tiden du sover när du inte lyssnar tillräckligt under den tid du är vaken. Du kommer att märka att när du träder närmare in i nu att nattens drömmar inte längre behöver sändas dig. Men eftersom vi är du och du är vi så kan samskapande med ditt undermedvetna ske effektivt och behändigt, speciellt när ditt logiska sinne är ur funktion under natten när du befinner dig i sömn.

Om du följer de enkla steg vi gett dig här för att tolka nattens drömmar kan ditt undermedvetna hjälpa dig framåt och på sikt kommer även själen genom i dina drömmar.

Du kan även tolka ditt vakna liv på samma sätt som dina nattens drömmar. Mycket behändigt för dig som upplever att du inte kommer ihåg det som skett under nattens vila.

Om du varje kväll skriver ner det du minns från din dag och sedan följer samma steg som för nattens drömtydning kommer även ditt vakna liv ge dig svar på vad du behöver.

Du behöver just nu inte fler verktyg än dessa två. Dina drömmar och den dröm du lever i under dagen kommer ge dig svaren i nu. Vi vet att ditt logiska sinne hade förväntat sig mer, att det vill kunna göra mer och erhålla mängder av sätt att arbeta med oss. Och det kan vi ge dig. Men då behöver vi hjälpa dig att skapa mer, djupare, högre upplevelse och in i en starkare energi än vad bokens ord här kan ge dig. Vi är trygga med att genom det du läst i denna bok att du erhållit healing och de råd du behövt i detta nu på samma sätt som vi är trygga med att vi kan samverka mer tillsammans än just här i denna skrift.

För att ge dig de stora upplevelserna är det ett nytt steg du behöver ta från där du är nu, för om du vill att vi ska skapa mer kontakt behöver vi ge dig de upplevelserna på andra sätt som vi sa dig ovan.

Vi arbetar med många verktyg, vilket du vet sedan innan, som text i denna bok, intuition, musik, symboler och mängder av tecken och budskap. Vi kan ge dig

kunskap på en mängd av olika sätt och om du är redo
för att ta steget till att samverka mer, följ då våra nästa
ord.

# Änglarnas budskap

Innan vi avslutar den bok du håller i din hand vill vi ge dig en bonus i form av ett budskap som kan kännas mer personligt än det du just läst. Boken i kontakt med själen utspelar sig på en djupgående nivå, där vi talar direkt till din själ och därför kan det ibland behövas något som ger dig mer konkreta svar och som ditt logiska sinne blir nöjt med. Därför vill vi skicka med den här extra bonusdelen med änglarnas budskap.

Som vi tidigare nämnt behöver du inga ritualer i din kontakt med oss. Många lär ut en tro på att du behöver göra något speciellt, be på ett visst sätt eller tillkalla oss genom olika typer av händelseförlopp. Ibland har du också hört att du inte alltid får svar.

Vi hör alltid dina böner. Vi svarar dig varenda gång. Problemet är som vi tidigare nämnt att du inte tror på att det svar du får till dig skulle vara det riktiga och du behöver inga ritualer för att ta kontakt med oss. Vi finns alltid med dig. Be och du får råd. De svar du hör, du känner eller visas på olika sätt är vår vägledning. Du behöver våga följa det vi ber dig om och sätta tilliten till att du kommer klara av utmaningarna vi skänker dig. De är en möjlighet, inte ett hinder.

Vår dröm för dig är att hjälpa dig till din själs frihet av att skapa ett liv du älskar att känna livet i och där du känner en samhörighet mellan dig och livskraften.

För att nå dit är det utmaningar eller snarare expansion du behöver möta och det är det vi leder dig till på det mest effektiva och enklaste sätt. I er värld känns det inte alltid enkelt, men det beror helt enkelt på att det är ditt sinne som förvillar dig. Egentligen är det inte krångligt att få kontakt med oss. Var i stillhet. Be och lyssna.

Ibland kommer svaret en stund senare och ibland sker det direkt. Vi kommer fortsätta visa dig vägen. Ständigt närvarande för att ge dig riktningen till nästa steg. Ha tillit och våga följa livet helhjärtat.

****

Du kan använda dig av din tanke och känsla för att komma i gång och utveckla vår vägledning. Därför ska du få använda dig av en bild. Där du sitter, titta på den första bild som finns i din närhet. Välj den första bild du dras till, snabbt utan att tänka efter först.

Du behöver papper och penna för att anteckna det du får till dig under minst fem minuter.

Titta på bilden.

Vad tänker du?

Den första tanken kan exempelvis vara om vad som händer på din bild.
Vad tänker du om det du ser?

Vad känner du?
Vad får du för känsla när du tittar på bilden, känns det glasklart eller kaotiskt?
Alla de känslor som kommer till dig behöver du begrunda, känna på och skriva ner.

Du kan använda dig av flera bilder till dess att du känner dig klar med dina tolkningar. Testa att söka på ordet vägledning och välj den bild som du först känner dig dragen till i flödet. Testa ett annat sökord, det första som kommer upp i ditt huvud eller ta den första bild du ser där du sitter. Allt kan vi använda som bud till dig, det finns inga begränsningar.

Ta bild för bild. Skriv ner allt och du kommer lära dig något nytt på samma gång som vi kan ge dig den vägledning du behöver på ett enkelt och lättillgängligt vis.

När du känner dig klar med alla de bilder du tolkat, läs igenom vad du antecknat.
Kan du nu se vilket budskap vi ville sända till dig?

# Avslut

Precis som du, så upplever Elisabeth att det tog ett kanske för abrupt slut. Med frågan, skulle det inte vara mer än så här?

Samtidigt med en känsla att mer har skett än vad som förstås. Det har skett ett skifte i din kropp och i din energi som på sikt leder till ett nytt nu. Det är viktiga ord som förmedlats och allt det som behövdes i nu har fått blivit sagt.

Därför är även Elisabeth tillfreds, precis som vi. Du ser flera känslor kan vistas på samma gång inom dig, som ett frågande, kanske till och med en känsla av övergivenhet på samma gång som glädje och lugn är närvarande.

Boken blev vad den var menad, varken mer eller mindre. Vi vill att du ska veta att liv alltid är vad det är menat. Men det är när du känner dig hindrad, är i rädsla, i oro eller upplever att livet inte är vad det bör, det är då du behöver vara medveten om att du inte följer dig själv, det är då du famlat bort från nu.

Vi kan fortsätta hjälpa dig in i nu genom att du läser det vi förmedlat i denna bok flera gånger. För varje gång du läser denna skapelse kommer du uppleva en ny förståelse. Men du kan också välja att ta steget vidare för att låta oss vägleda dig än mer, med fler verktyg och vidare in i det nu som din själ och ditt hjärta längtar efter i djupet av dig själv.

Genom Elisabeth fortsätter vi att förmedla till dig. Genom hennes arbete tillsammans med oss kan du och vi få djupare kontakt. Allt du behöver göra är att ta steget dit. Det finns ett mindre steg, vilket är lättare för somliga av er som läser denna skrift och det finns ett större steg för dig som är redo att träda in i din själens mening och bli den ljusarbetare tillsammans med oss som du alltid varit menad att vara.

För dig som är mer bekväm med ett litet steg i taget finns vi att hjälpa dig med många olika verktyg i medlemskapet Divine Guidance, vilket du kan läsa mer om på www.livsinspiration.com/medlemskap/

För dig som vill ta det stora steget, närmare din själ och in i det nu som skapar dig till den du är menad att vara, där du sprider ditt ljus till världen på ditt alldeles unika sätt, då är Awakening för dig, vilket du kan läsa om på www.livsinspiration.com/awakening/

Vi finns alltid tillsammans med Elisabeth och de själar som arbetar närmast henne på www.livsinspiration.com Där kan du följa vårt fortsatta arbete och ta del av fler böcker som inom en snar framtid kommer levereras till världen. För även om Elisabeth inte är medveten om det ännu i detta nu, så är det skapelser på väg ut som skall leverera en stor mening och potential till den som väljer att ta del av det med längtan av att vakna tillsammans med oss.

Stort tack från både oss och Elisabeth för att du tagit del av det vi förmedlat till dig. Vi ser fram emot att fortsätta följa dig på din resa och med orden att inte glömma att vi alltid är närvarande och att du aldrig är ensam, avslutar vi denna skapelse.

# Avslut av Elisabeth

Ja, detta blev ju inte riktigt vad jag tänkt och ändå känner jag att det blev riktigt bra. Det är många gånger genom boken, när jag läste igenom den för att finna stavfel och underliga meningsuppbyggnader, som jag blivit uppriktigt förvånad och glad över hur änglarna på ett oerhört enkelt och intelligent sätt förmedlat en mycket djup visdom. En visdom som det tar mig många fler ord och upplevelser till att få fram samma mening med innehållet. Jag kunde verkligen känna hur texten gick rakt in i själen vid flera tillfällen.

Alltså, wow, det är en ära att få arbeta med dessa ljusväsen samt få vara deras budbärare på detta sätt. Jag är så glad och tacksam precis i nu när jag skriver dessa sista rader till dig.

Om det är något jag verkligen lärt mig av att arbeta med the Choir of Angels så är det hur enkelt det är. Jag behöver inte veta på förhand hur något ska bli och jag kan sätta mig lugnt till rätta och bara njuta av resan. Det är som att jag inte arbetar på samma gång som jag efteråt kan vara trött av att ha varit i änglarnas energi under en lång stund då det behövs en hel del energi för att förmedla det de vill ha sagt. Så det är en balans mellan vila och arbete, men ändå så enkelt och tillfredsställande.

Stort tack åter igen för att du tagit dig ända hit. Det betyder massor för mig då jag vet att mitt arbete kommer dit det ska. Så tacksam att få arbeta med det jag gör i att vägleda våra kunder och medlemmar in i uppvaknandet och genom tunneln, ut på andra sidan in i upplysning. För varje person och för varje insikt som flödar genom mig kliver jag allt närmare in i nu.

Och du kan också göra resan. Om du är redo är det bara att ta kontakt med oss via www.livsinspiration.com